Impressum
Verlag: BABADADA GmbH, Nedderfeld 112 , 22529 Hamburg
Geschäftsführer / Verlagsleitung: Harald Hof
Druck: Books on Demand GmbH, In de Tarpen 42, 22848 Norderstedt

Imprint
Publisher: BABADADA GmbH, Nedderfeld 112 , 22529 Hamburg, Germany
Managing Director / Publishing direction: Harald Hof
Print: Books on Demand GmbH, In de Tarpen 42, 22848 Norderstedt, Germany

школа

iskola

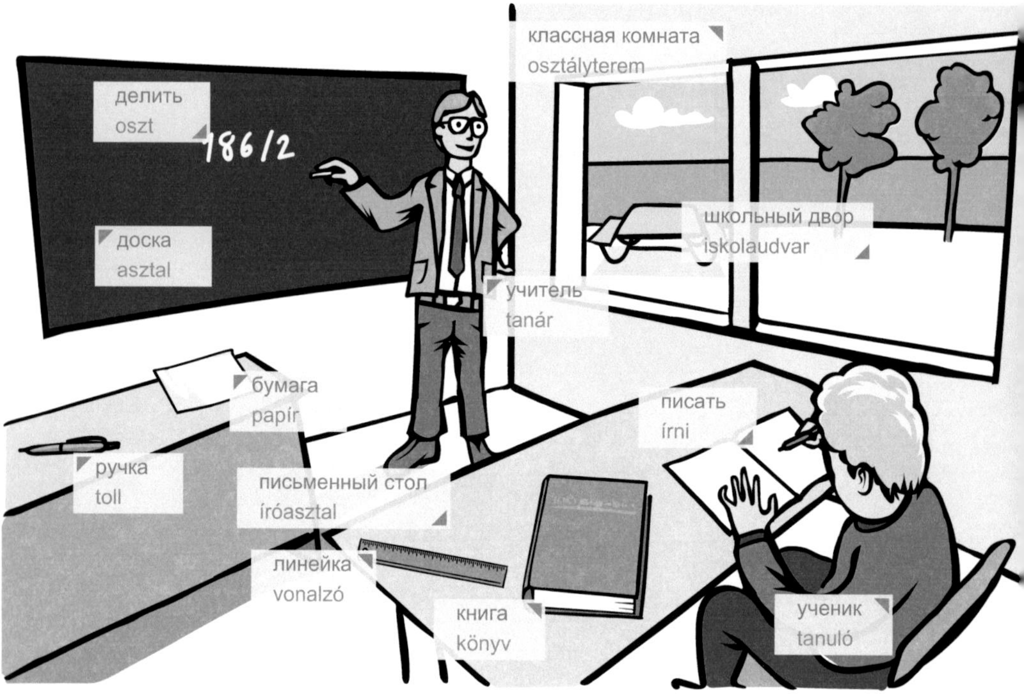
классная комната
osztályterem
делить
oszt
186/2
доска
asztal
школьный двор
iskolaudvar
учитель
tanár
бумага
papír
писать
írni
ручка
toll
письменный стол
íróasztal
линейка
vonalzó
книга
könyv
ученик
tanuló

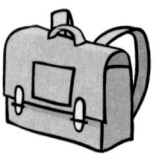

ранец

iskolatáska

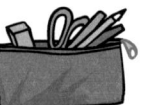

пенал

tolltartó

карандаш

ceruza

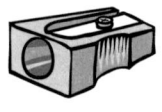

точилка

ceruzahegyező

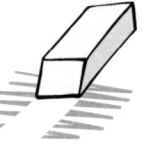

ластик

radír

альбом для рисования

rajzfüzet

рисунок

rajz

кисточка

ecset

коробка красок

festőkészlet

ножницы

olló

клей

ragasztó

тетрадь

munkafüzet

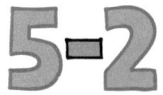

домашняя работа

házi feladat

цифра

szám

прибавлять

összead

вычитать

kivon

умножать

szoroz

считать

számol

буква

betű

алфавит

ABC

слово

szó

текст

szöveg

читать

olvasni

мел

kréta

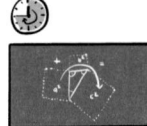

урок

tanóra

классный журнал

napló

экзамен

vizsga

диплом

bizonyítvány

школьная форма

iskolai egyenruha

образование

oktatás

энциклопедия

enciklopédia

университет

egyetem

микроскоп

mikroszkóp

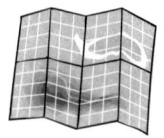

карта

térkép

корзина для бумаг

papír-hulladék gyűjtö

путешествие
utazás

гостиница
hotel
Grand
турбаза
szállás
ROOMS
пункт обмена валюты
valutaváltó iroda
EXCHANGE
чемодан
bőrönd
автомобиль
autó

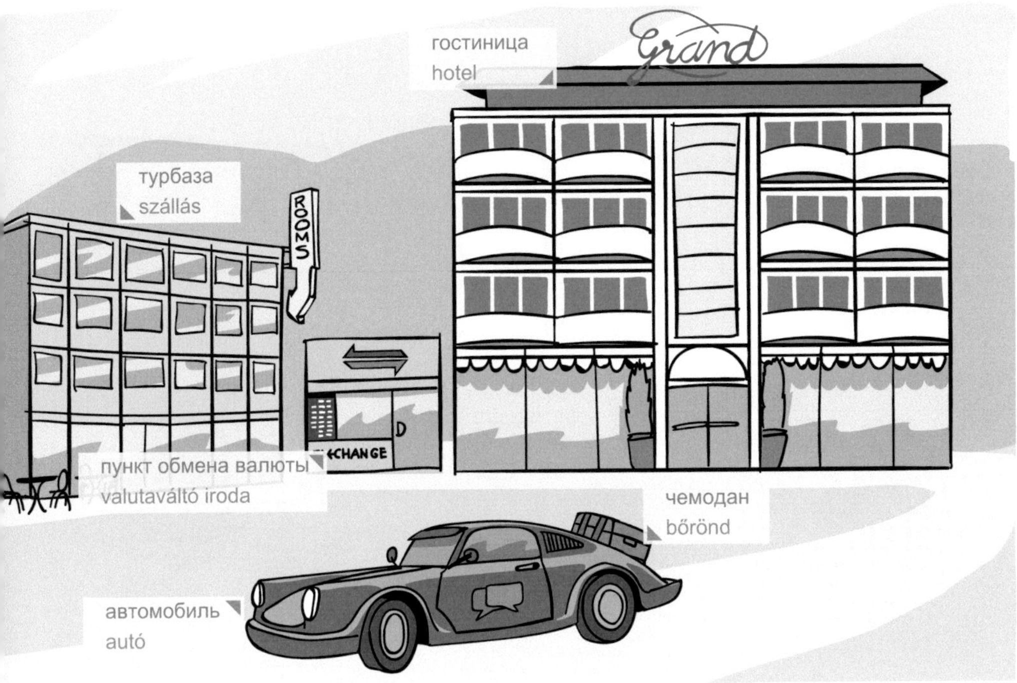

язык

nyelv

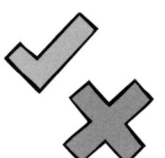

да / нет

igen/nem

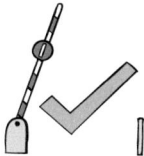

хорошо

rendben

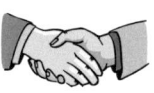

Привет

szia

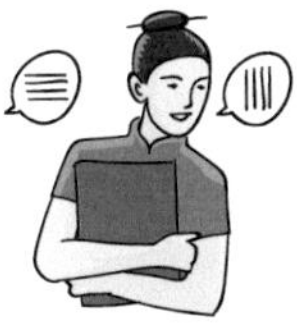

переводчик

fordító

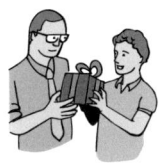

Спасибо

köszönöm

Сколько стоит…?

mennyibe kerül…?

Я не понимаю

nem értem

проблема

probléma

Добрый вечер!

Jó estét!

Доброе утро!

jó reggelt!

Доброй ночи!

jó éjszakát!

До свидания

viszontlátásra

направление

útirány

багаж

poggyász

сумка

táska

рюкзак

hátizsák

гость

vendég

комната

szoba

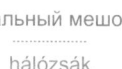

спальный мешок

hálózsák

палатка

sátor

туристическая
информация
turista információ

пляж

strand

кредитная карточка

hitelkártya

завтрак

reggeli

обед

ebéd

ужин

vacsora

билет

jegy

лифт

lift

почтовая марка

bélyeg

граница

határ

таможня

vám

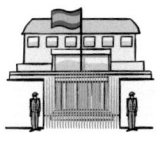

посольство

nagykövetség

виза

vízum

паспорт

útlevél

транспорт
közlekedés

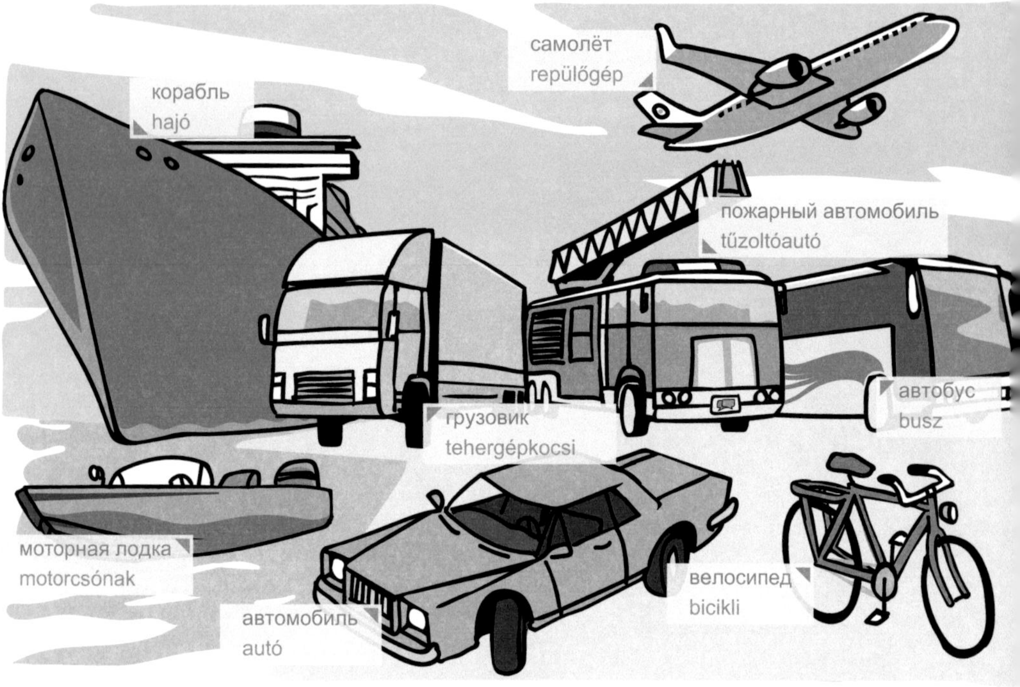
самолёт
repülőgép
корабль
hajó
пожарный автомобиль
tűzoltóautó
автобус
busz
грузовик
tehergépkocsi
моторная лодка
motorcsónak
велосипед
bicikli
автомобиль
autó

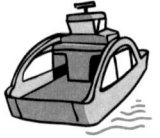

паром

komp

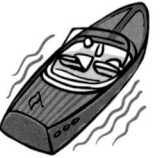

лодка

csónak

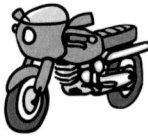

мотоцикл

motorkerékpár

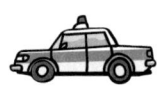

полицейский автомобиль

rendőrautó

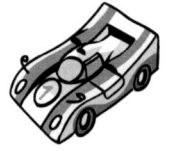

гоночный автомобиль

versenyautó

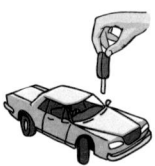

арендованный автомобиль

bérautó

совместное пользование
автомобилями

telekocsi

буксировочный
автомобиль
vontató

мусоровоз

szemetes autó

двигатель

motor

топливо

üzemanyag

заправка

benzinkút

дорожный знак

közlekedési tábla

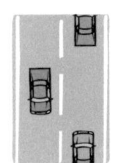

движение

forgalom

пробка

forgalmi dugó

автостоянка

parkoló

вокзал

vonatállomás

рельсы

sínek

поезд

vonat

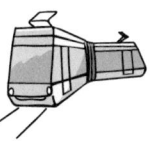

трамвай

villamos

вагон

vagon

вертолёт

helikopter

аэропорт

repülőtér

вышка

torony

пассажир

utas

контейнер

konténer

коробка

kartondoboz

тележка

taliga

корзина

kosár

взлетать / приземляться

felszáll / leszáll

город

város

деревня

falu

центр города

városközpont

дом

ház

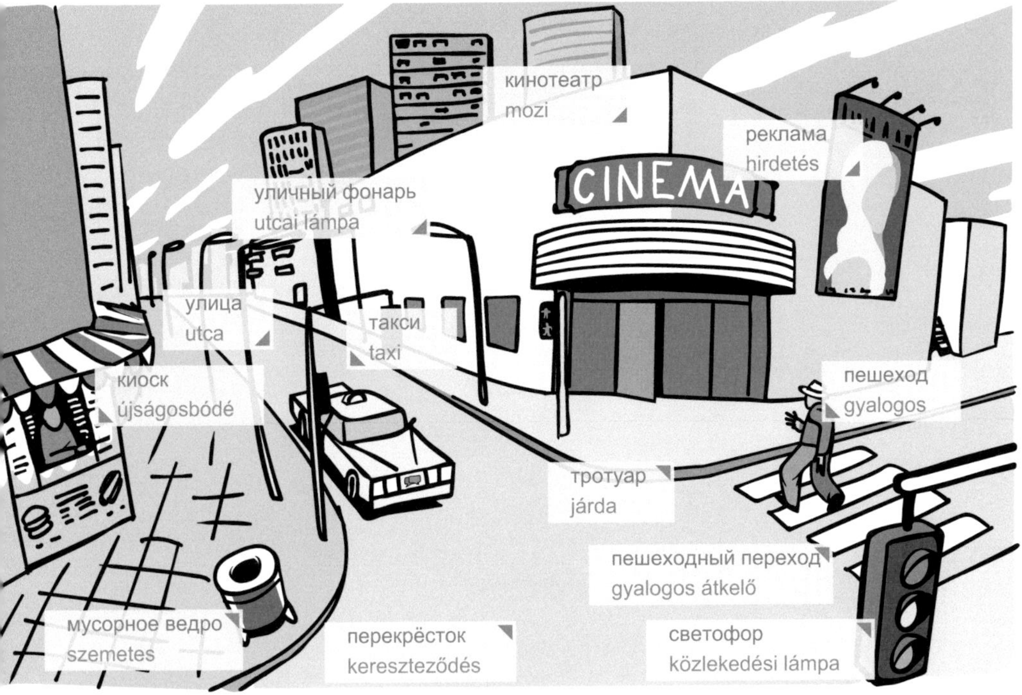

кинотеатр
mozi

реклама
hirdetés

уличный фонарь
utcai lámpa

CINEMA

улица
utca

такси
taxi

киоск
újságosbódé

пешеход
gyalogos

тротуар
járda

пешеходный переход
gyalogos átkelő

мусорное ведро
szemetes

перекрёсток
kereszteződés

светофор
közlekedési lámpa

хижина

kunyhó

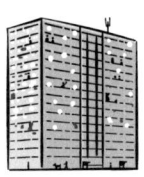

квартира

lakás

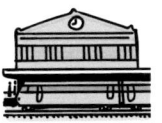

вокзал

vonatállomás

ратуша

városháza

музей

múzeum

школа

iskola

университет

egyetem

банк

bank

больница

kórház

гостиница

hotel

аптека

gyógyszertár

офис

iroda

книжный магазин

könyvesbolt

магазин

üzlet

цветочный магазин

virágüzlet

супермаркет

szupermarket

рынок

piac

универмаг

áruház

торговец рыбой

halárus

торговый центр

bevásárló központ

порт

kikötő

парк

park

скамейка

pad

мост

híd

лестница

lépcső

метро

metró

тоннель

alagút

автобусная остановка

buszmegálló

бар

bár

ресторан

étterem

почтовый ящик

postaláda

табличка с названием
улицы

utcatábla

паркометр

parkoló óra

зоопарк

állatkert

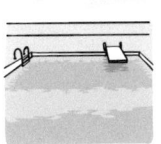

бассейн

uszoda

мечеть

mecset

ферма

gazdálkodás

загрязнение окружающей среды

környezetszennyezés

кладбище

temető

церковь

templom

детская площадка

játszótér

храм

szentély

ландшафт

táj

лист
levél

дорожный указатель
útjelző tábla

дорога
út

луг
rét

камень
kő

дерево
fa

путешественник
túrázó

река
folyó

трава
fű

цветок
virág

долина

völgy

гора

domb

озеро

tó

лес

erdő

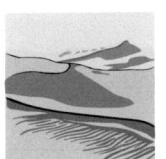

пустыня

sivatag

вулкан

vulkán

замок

kastély

радуга

szivárvány

гриб

gomba

пальма

pálmafa

комар

szúnyog

муха

légy

муравей

hangya

пчела

méhecske

паук

pók

ландшафт - táj

жук

bogár

лягушка

béka

белка

mókus

еж

sündisznó

заяц

nyúl

сова

bagoly

птица

madár

лебедь

hattyú

кабан

vaddisznó

олень

szarvas

лось

rénszarvas

плотина

gát

ветряной генератор

szélturbina

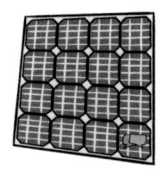

солнечная батарея

napelem

климат

éghajlat

ресторан
étterem

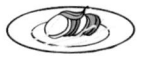

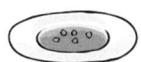

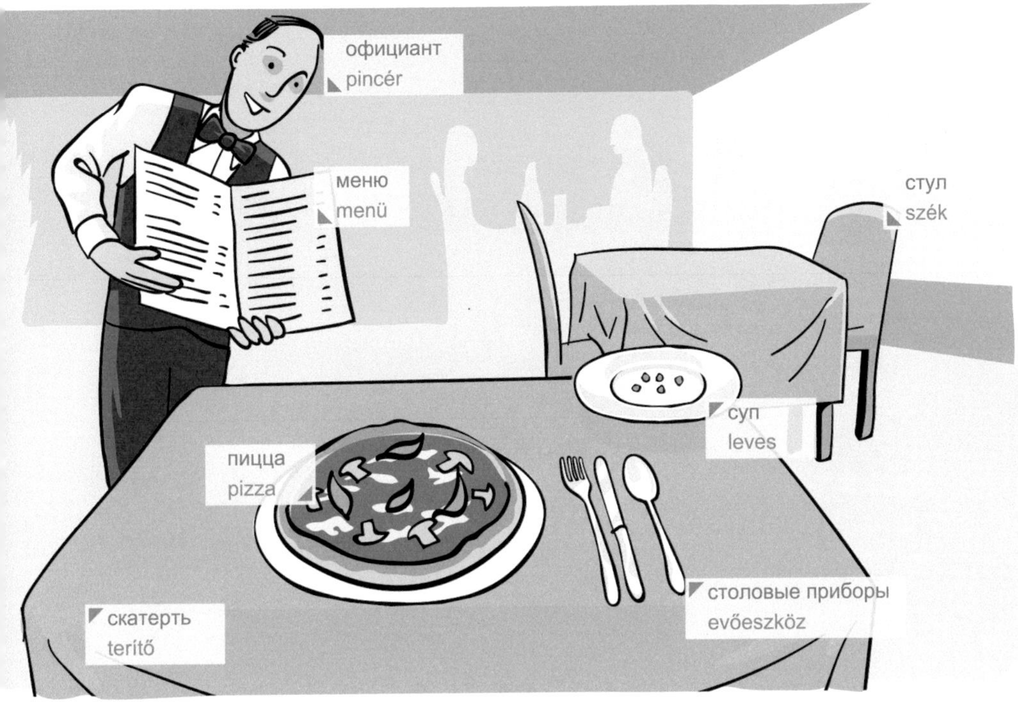

официант
pincér
меню
menü
стул
szék
суп
leves
пицца
pizza
столовые приборы
evőeszköz
скатерть
terítő

закуска

előétel

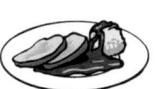

главное блюдо

főétel

десерт

desszert

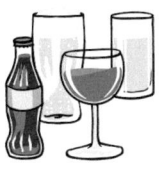

напитки

italok

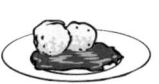

еда

étel

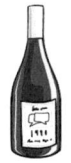

бутылка

üveg

фастфуд

gyorsétel

уличная еда

gyorsétel

чайник

teás kanna

сахарница

cukortartó

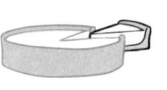

порция

adag

кофеварка

eszpresszógép

детский стульчик

bárszék

счет

számla

поднос

tálca

нож

kés

вилка

villa

ложка

kanál

чайная ложка

teáskanál

салфетка

szalvéta

стакан

pohár

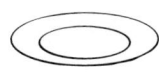

тарелка

tányér

суповая тарелка

leveses tányér

блюдце

csészealj

соус

szósz

солонка

sószóró

мельница для перца

borsőrlő

уксус

ecet

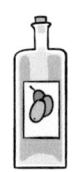

масло

étkezési olaj

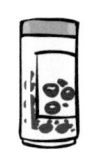

специи

fűszerek

кетчуп

ketchup

горчица

mustár

майонез

majonéz

супермаркет
szupermarket

специальное предложение
különleges ajánlat
FOR
покупатель
ügyfél
молочные продукты
tejtermék
фрукты
gyümölcsök
тележка для покупок
bevásárló kocsi

BUTCHERS

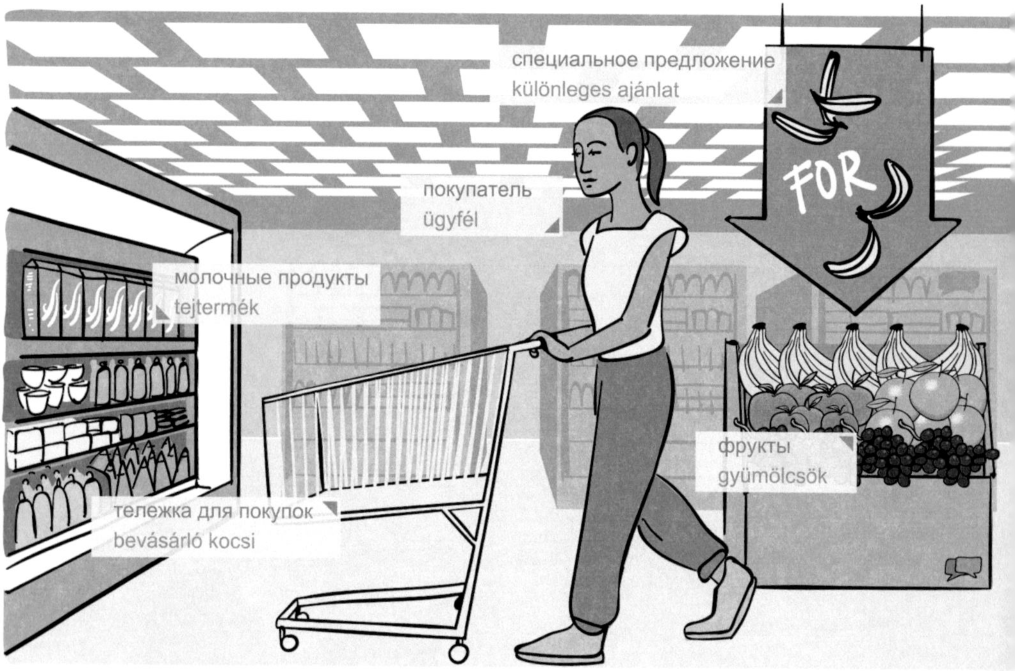

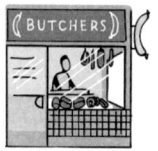

мясной магазин

hentes

BAKERY

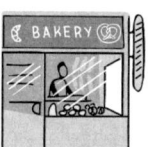

пекарня

pékség

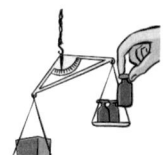

взвешивать

nyom valamennyit

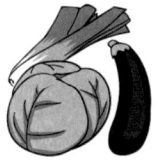

овощи

zöldség

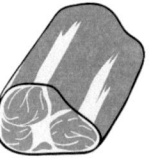

мясо

hús

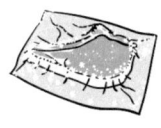

быстрозамороженные продукты

fagyasztott áru

нарезка

felvágott

консервы

konzerv

стиральный порошок

mosópor

сладости

édességek

предмет домашнего обихода

háztartási termék

моющее средство

tisztítószerek

продавщица

eladó

касса

pénztárgép

кассир

eladó

список покупок

bevásárló lista

время работы

nyitva tartás

бумажник

levéltárca

кредитная карточка

hitelkártya

сумка

zacskó

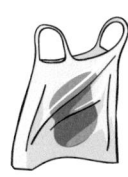

полиэтиленовый пакет

műanyag zacskó

вода

víz

сок

gyümölcslé

молоко

tej

кока-кола

kóla

вино

bor

пиво

sör

алкоголь

alkohol

какао

kakaó

чай

tea

кофе

kávé

эспрессо

eszpresszó

капучино

kapucsínó

банан

banán

яблоко

alma

апельсин

narancs

арбуз

sárgadinnye

лимон

citrom

морковь

sárgarépa

чеснок

fokhagyma

бамбук

bambusz

лук

hagyma

гриб

gomba

орехи

magvak

лапша

nokedli

спагетти

spagetti

рис

rizs

салат

saláta

картофель фри

sült krumpli

жареный картофель

sült burgonya

пицца

pizza

гамбургер

hamburger

сэндвич

szendvics

шницель

hússzelet

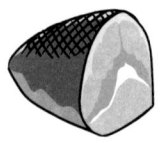

ветчина

sonka

салями

szalámi

колбаса

kolbász

курица

csirke

жаркое

pecsenye

рыба

hal

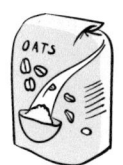

овсяные хлопья

zabkása

мюсли

müzli

кукурузные хлопья

kukoricapehely

мука

liszt

круассан

croissant

булочка

zsemle

хлеб

kenyér

тост

pirítós kenyér

печенье

keksz

масло

vaj

творог

túró

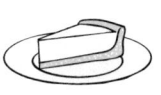

пирог

sütemény

яйцо

tojás

яичница

tükörtojás

сыр

sajt

мороженое

jégkrém

сахар

cukor

мёд

méz

мармелад

lekvár

крем с нугой

mogyorókrém

карри

curry

ферма
gazdálkodás

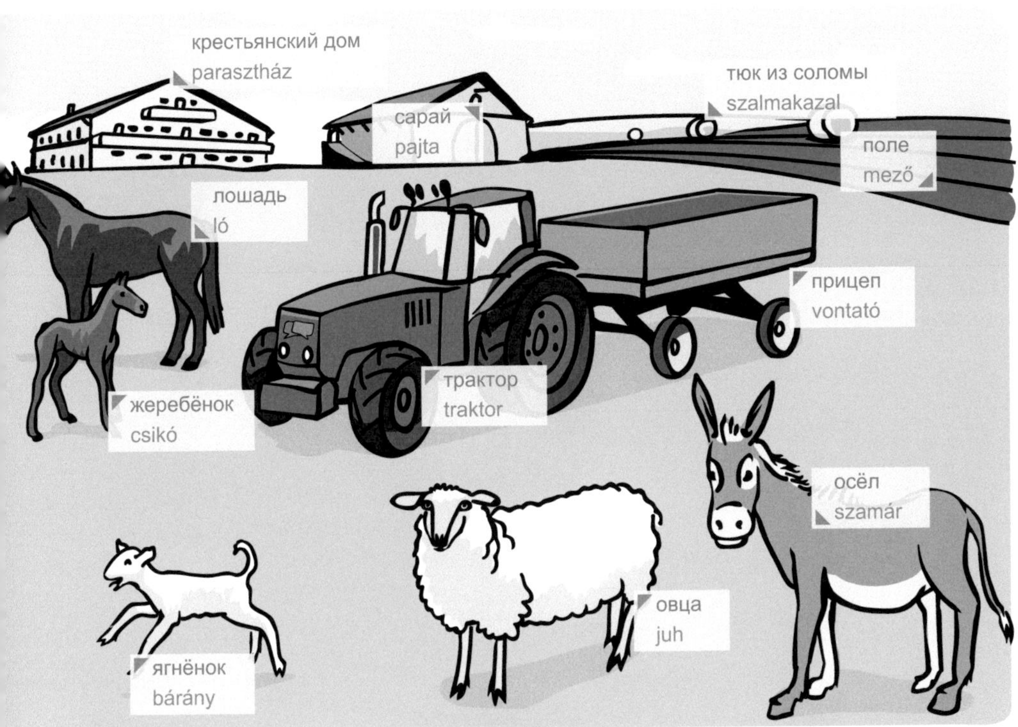

крестьянский дом
parasztház
сарай
pajta
тюк из соломы
szalmakazal
поле
mező
лошадь
ló
прицеп
vontató
трактор
traktor
жеребёнок
csikó
осёл
szamár
овца
juh
ягнёнок
bárány

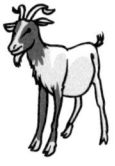

коза

kecske

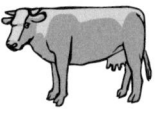

корова

tehén

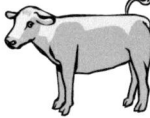

телёнок

borjú

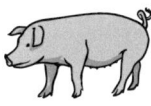

свинья

malac

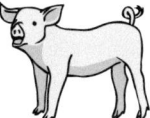

поросёнок

kismalac

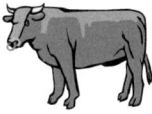

бык

bika

гусь

liba

утка

kacsa

цыплёнок

csibe

курица

tojó

петух

kakas

крыса

patkány

кошка

macska

мышь

egér

вол

ökör

собака

kutya

конура

kutyaház

садовый шланг

kerti öntözőcsö

лейка

öntözökanna

коса

kasza

плуг

eke

серп

sarló

мотыга

kapa

навозные вилы

vasvilla

топор

fejsze

тачка

talicska

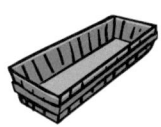

корыто

teknő

бидон для молока

tejes kancsó

мешок

zsák

забор

kerítés

хлев

istálló

теплица

üvegház

почва

talaj

посев

vetőmag

удобрение

trágya

комбайн

cséplőgép

собирать урожай

szüretelni

урожай

betakarítás

ямс

yamgyökér

пшеница

búza

соя

szója

картофель

burgonya

кукуруза

kukorica

рапс

repcemag

фруктовое дерево

gyümölcsfa

маниок

manióka

злаки

gabona

30   ферма - gazdálkodás

дымоход
kémény

крыша
tető

водосточный желоб
eresz

окно
ablak

гараж
garázs

звонок
ajtócsengő

дверь
ajtó

мусорное ведро
szemetes

почтовый ящик
postaláda

сад
kert

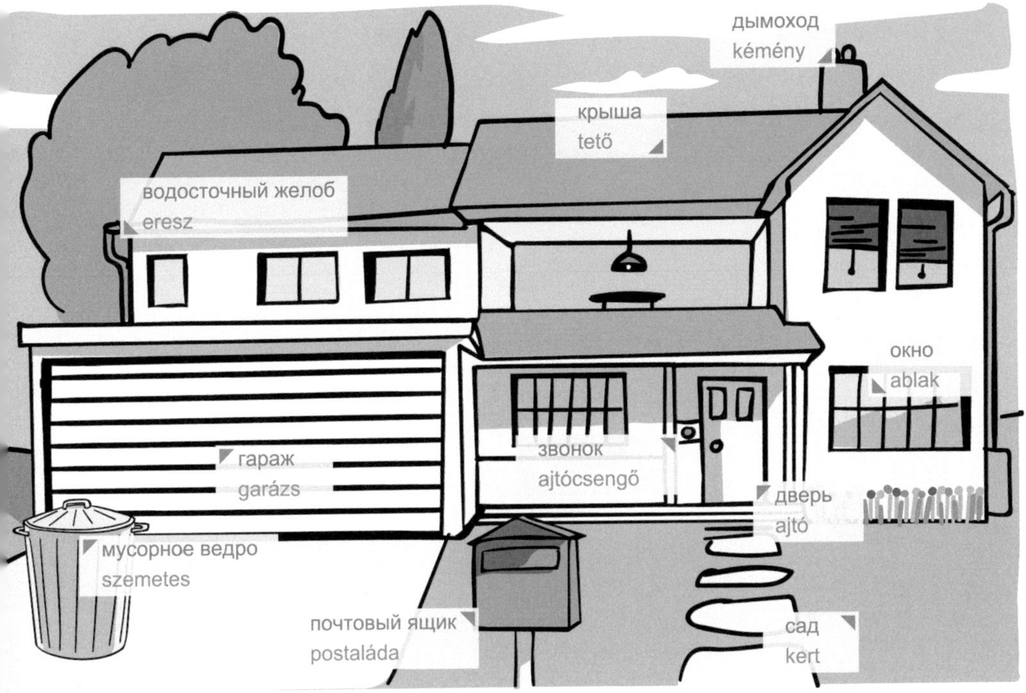

гостиная

nappali

ванная комната

fürdőszoba

кухня

konyha

спальня

hálószoba

детская комната

gyerekszoba

столовая

ebédlő

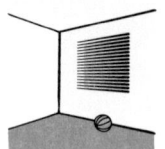

пол

padló

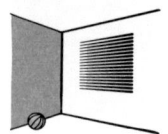

стена

fal

потолок

plafon

подвал

pince

сауна

szauna

балкон

erkély

терраса

terasz

бассейн

medence

газонокосилка

fűnyíró

пододеяльник

lepedő

покрывало

ágytakaró

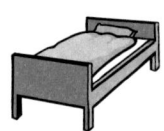

кровать

ágy

метла

seprű

ведро

vödör

выключатель

kapcsoló

гостиная
nappali

обои
tapéta
рисунок
kép
лампа
lámpa
полка
polc
шкаф
szekrény
телевизор
televízió
камин
kandalló
цветок
virág
подушка
párna
диван
kanapé
ваза
váza
пульт дистанционного управления
távirányító

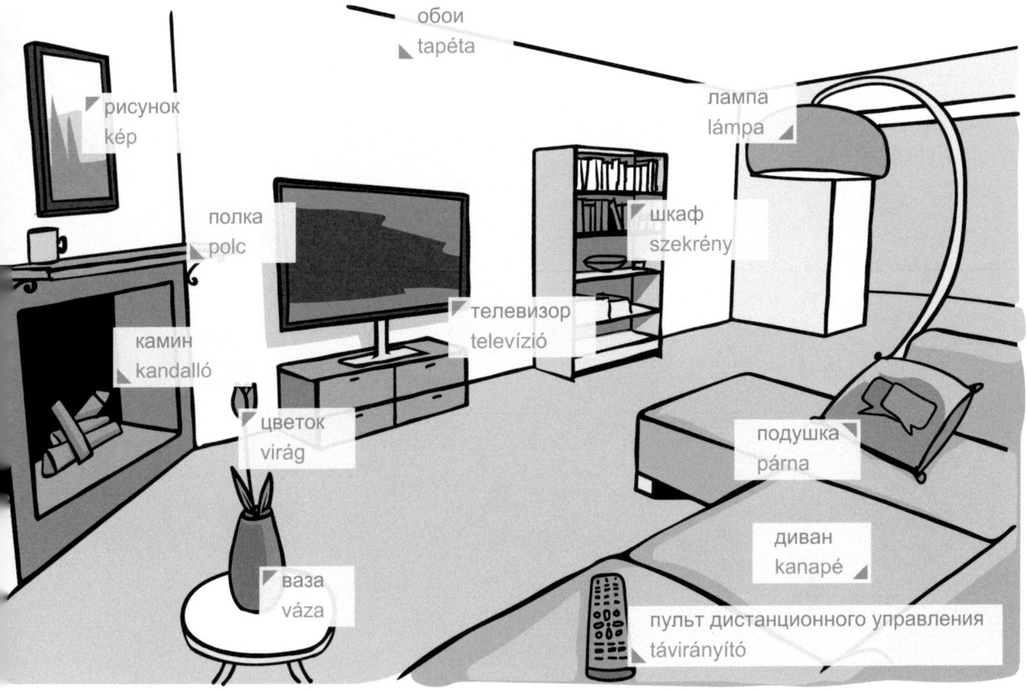

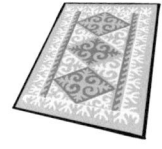

ковёр

szőnyeg

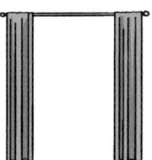

штора

függöny

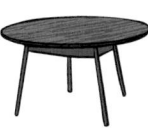

стол

asztal

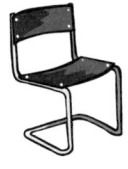

стул

szék

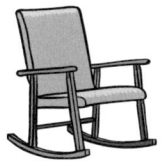

кресло-качалка

hintaszék

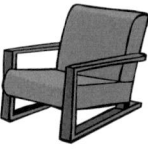

кресло

karosszék

книга

könyv

покрывало

takaró

украшение

dekoráció

дрова

tűzifa

фильм

film

стереосистема

hifi

ключ

kulcs

газета

újság

картина

festmény

плакат

poszter

радио

rádió

блокнот

jegyzetfüzet

пылесос

porszívó

кактус

kaktusz

свеча

gyertya

кухня
konyha

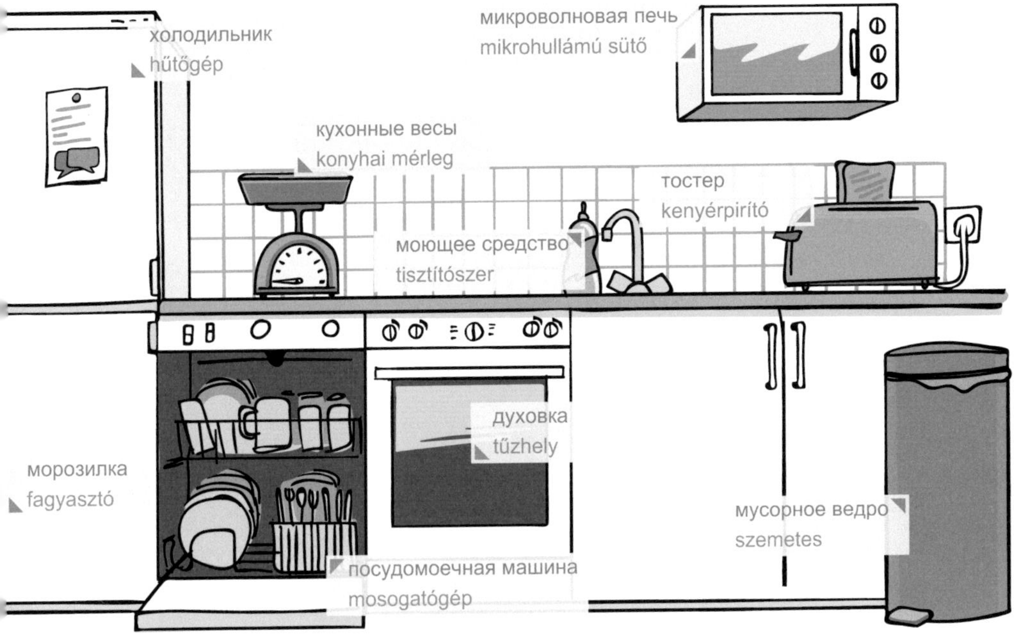
холодильник
hűtőgép
микроволновая печь
mikrohullámú sütő
кухонные весы
konyhai mérleg
тостер
kenyérpirító
моющее средство
tisztítószer
духовка
tűzhely
морозилка
fagyasztó
мусорное ведро
szemetes
посудомоечная машина
mosogatógép

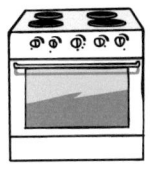

плита

tűzhely

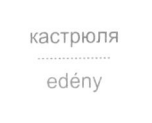

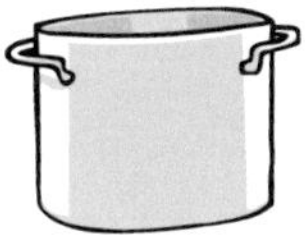
кастрюля

edény

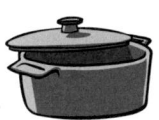

чугунный котелок

vasfazék

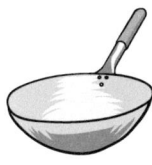

вок / кадай

wok / kadai

сковорода

serpenyő

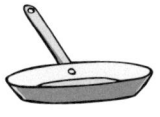

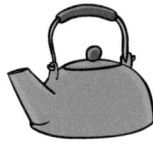

чайник

vízforraló

пароварка

pároló

противень

tepsi

посуда

étkészlet

кружка

bögre

миска

tálka

палочки для еды

evőpálcika

половник

merőkanál

лопатка

keverőlapátka

сбивалка

habverő

сито

szűrő

сито

szita

тёрка

reszelő

ступка

mozsár

гриль

grillsütő

костёр

kandalló

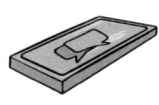

доска

vágódeszka

скалка

sodrófa

штопор

dugóhúzó

жестяная банка

doboz

консервный нож

konzervnyitó

прихватка

edényfogó

раковина

mosogató

щетка

kefe

губка

szivacs

миксер

turmixgép

морозильная камера

mélyhűtő

бутылочка для кормления

cumisüveg

кран

csap

ванная комната
fürdőszoba

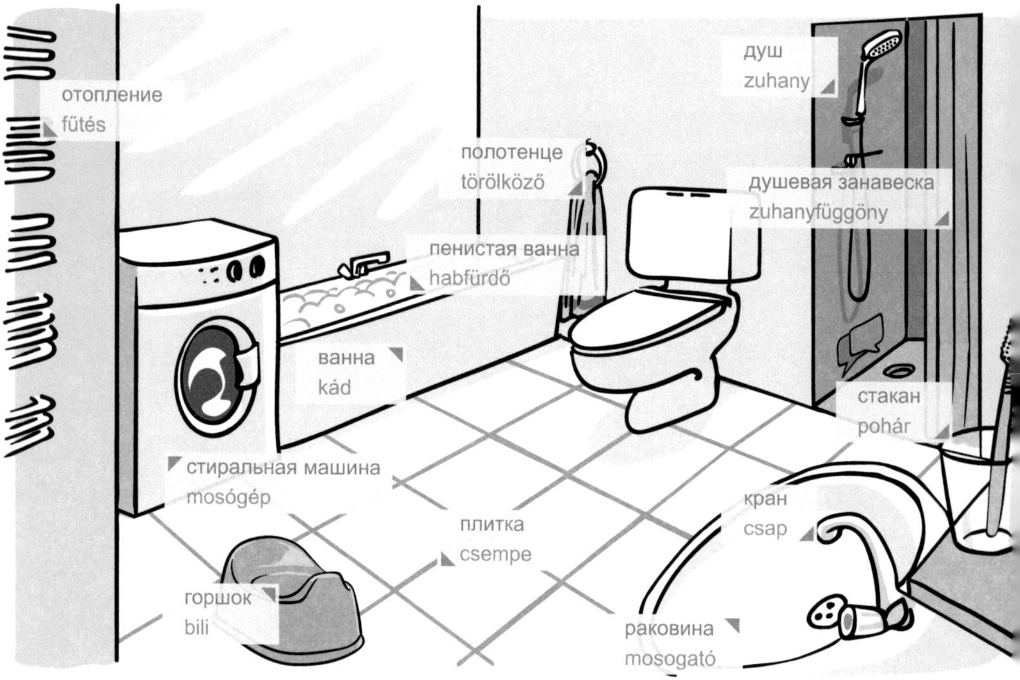

отопление
fűtés
душ
zuhany
полотенце
törölköző
душевая занавеска
zuhanyfüggöny
пенистая ванна
habfürdő
ванна
kád
стакан
pohár
стиральная машина
mosógép
кран
csap
плитка
csempe
горшок
bili
раковина
mosogató

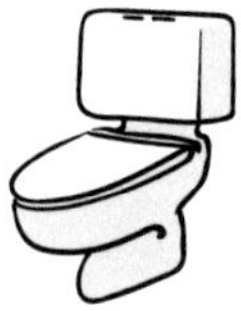

туалет

toalett

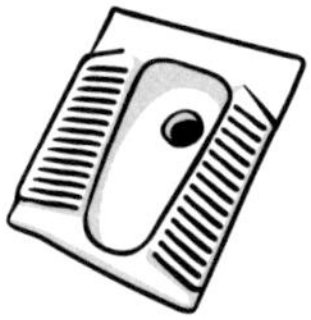

напольный унитаз

guggolós toalett

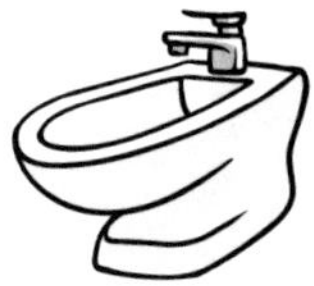

биде

bidé

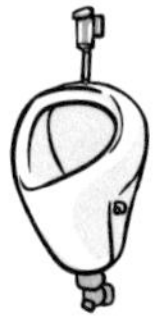

писсуар

piszoár

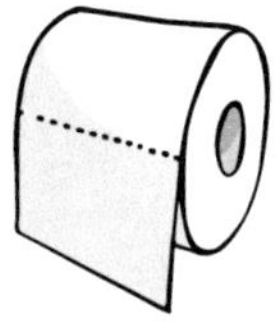

туалетная бумага

toalett papír

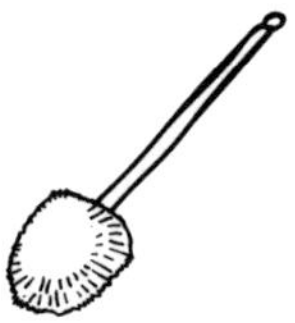

ершик

wc kefe

зубная щетка

fogkefe

зубная паста

fogkrém

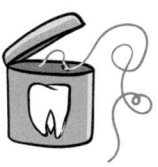

зубная нить

fogselyem

мыть

mosni

ручной душ

kézi zuhany

интимный душ

intimzuhany

таз

mosdótál

щетка для спины

hátmosó kefe

мыло

szappan

гель для душа

tusfürdő

шампунь

sampon

мочалка

mosdókesztyű

сток

lefolyó

крем

krém

дезодорант

dezodor

зеркало

tükör

ручное зеркало

kézitükör

бритва

borotva

пена для бритья

borotvahab

лосьон после бритья

borotválkozás utáni
arcszesz

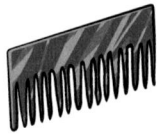

расческа

fésű

щетка

hajkefe

фен

hajszárító

лак для волос

hajlakk

косметика

smink

губная помада

ajakrúzs

лак для ногтей

körömlakk

вата

vatta

маникюрные ножницы

körömvágó olló

духи

parfüm

косметичка

neszesszer

табуретка

sámli

весы

mérleg

халат

köntös

резиновые перчатки

gumikesztyű

тампон

tampon

гигиеническая прокладка

egészségügyi betét

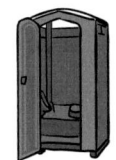

биотуалет

vegyi WC

детская комната
gyerekszoba

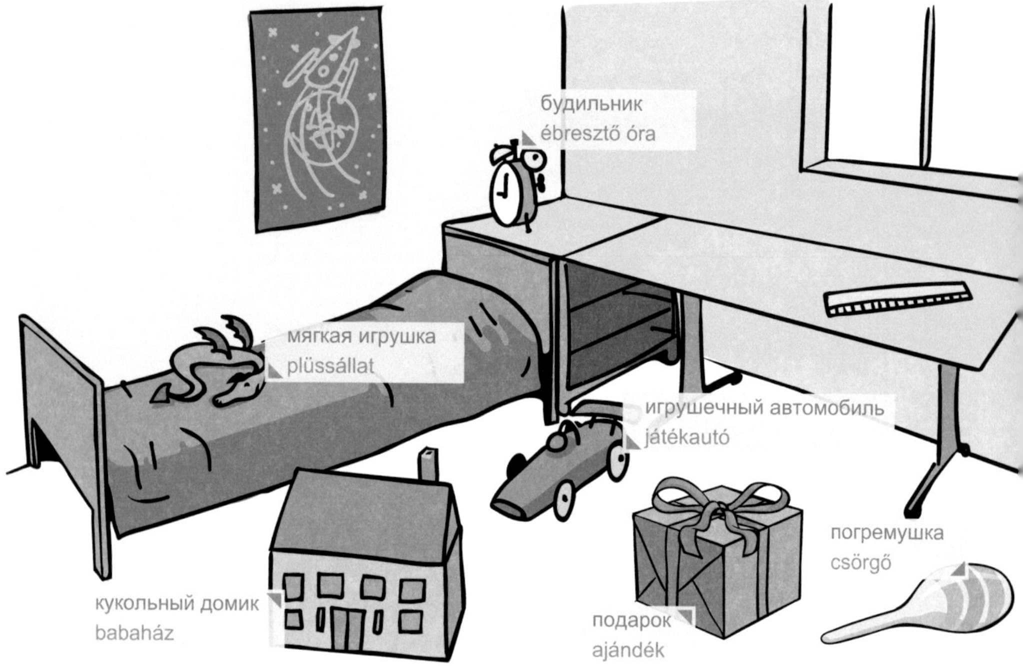
будильник
ébresztő óra
мягкая игрушка
plüssállat
игрушечный автомобиль
játékautó
погремушка
csörgő
кукольный домик
babaház
подарок
ajándék

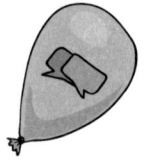

воздушный шар

lufi

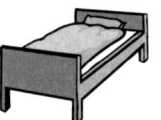

кровать

ágy

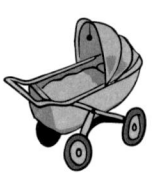

детская коляска

babakocsi

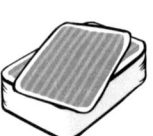

карточная игра

kártyapakli

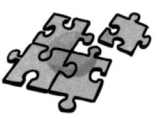

пазл

kirakós játék

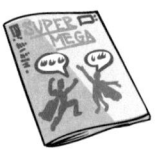

комикс

képregény

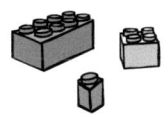

кирпичики Лего

építőkockák

кубики

építőelem

игрушечная фигурка

szuperhős

ползунки

rugdalózó

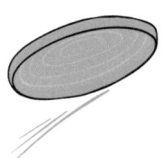

фрисби

frizbi

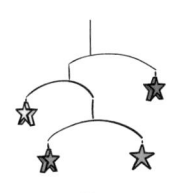

мобиле

zenélő forgó

настольная игра

társasjáték

кубик

kocka

модель железной дороги

modellvasút

соска

cumi

вечеринка

zsúr

книга с картинками

képeskönyv

мяч

labda

кукла

baba

играть

játszani

песочница

homokozó

качели

hinta

игрушка

játékok

игровая приставка

videójáték konzol

трёхколесный велосипед

tricikli

плюшевый медвежонок

teddi maci

шкаф для одежды

ruhásszekrény

одежда
ruházat

носки

zokni

чулки

harisnya

колготки

harisnyanadrág

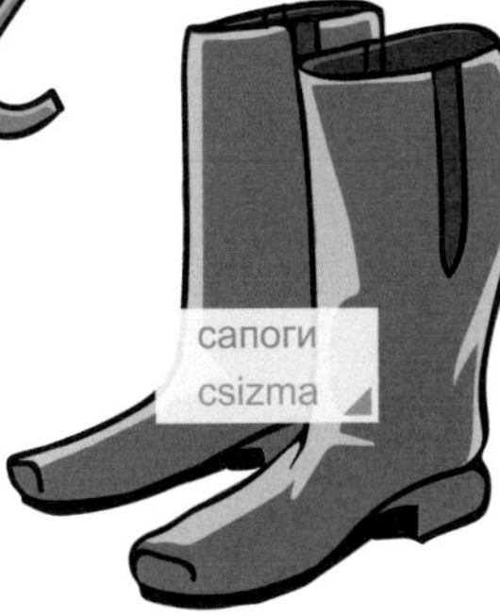

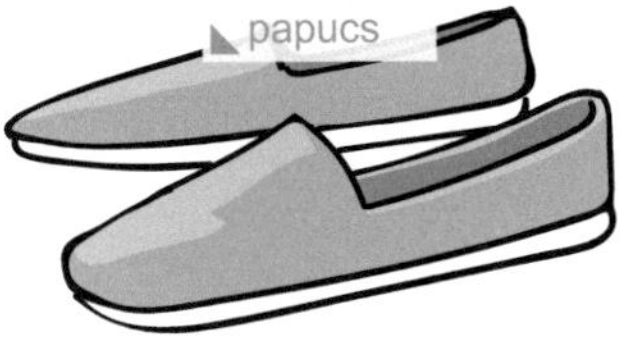

шарф
sál

зонтик
esernyő

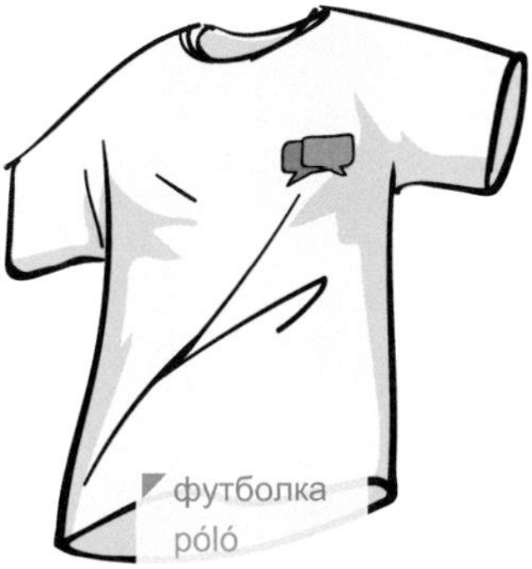

футболка
póló

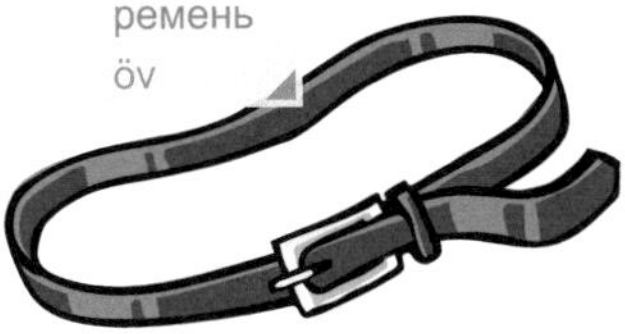

ремень
öv

сапоги
csizma

тапки
papucs

кроссовки
tornacipő

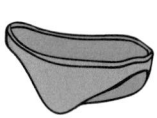

сандалии
szandál

ботинки
cipő

резиновые сапоги
gumicsizma

трусы
alsónadrág

бюстгальтер
melltartó

майка
mellény

боди

body

брюки

nadrág

джинсы

farmer

юбка

szoknya

блузка

blúz

рубашка

ing

свитер

pulóver

свитер

kapucnis pulóver

спортивная куртка

blézer

жакет

dzseki

пальто

kabát

плащ

esőkabát

костюм

kosztüm

платье

ruha

свадебное платье

esküvői ruha

одежда - ruházat

мужской костюм

öltöny

ночная сорочка

hálóing

пижама

pizsama

сари

szári

платок

fejkendö

тюрбан

turbán

паранджа

burka

кафтан

kaftán

абайя

abaya

купальник

fürdőruha

плавки

fürdőnadrág

шорты

rövidnadrág

спортивный костюм

tréningruha

фартук

kötény

перчатки

kesztyű

пуговица

gomb

очки

szemüveg

браслет

karkötő

цепочка

nyaklánc

кольцо

gyűrű

серьга

fülbevaló

шапка

sapka

вешалка

vállfa

шляпа

kalap

галстук

nyakkendő

застежка молния

cipzár

шлем

bukósisak

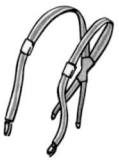

подтяжки

nadrágtartó

школьная форма

iskolai egyenruha

форма

egyenruha

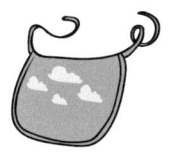

детский нагрудник

előke

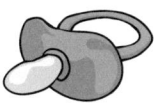

соска

cumi

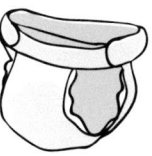

подгузник

pelenka

офис
iroda

сервер
szerver
канцелярский шкаф
irattartó szekrény
принтер
nyomtató
бумага
papír
монитор
képernyő
мышь
egér
письменный стол
íróasztal
папка
mappa
клавиатура
billentyűzet
корзина для бумаг
papír-hulladék gyűjtő
компьютер
számítógép
стул
szék

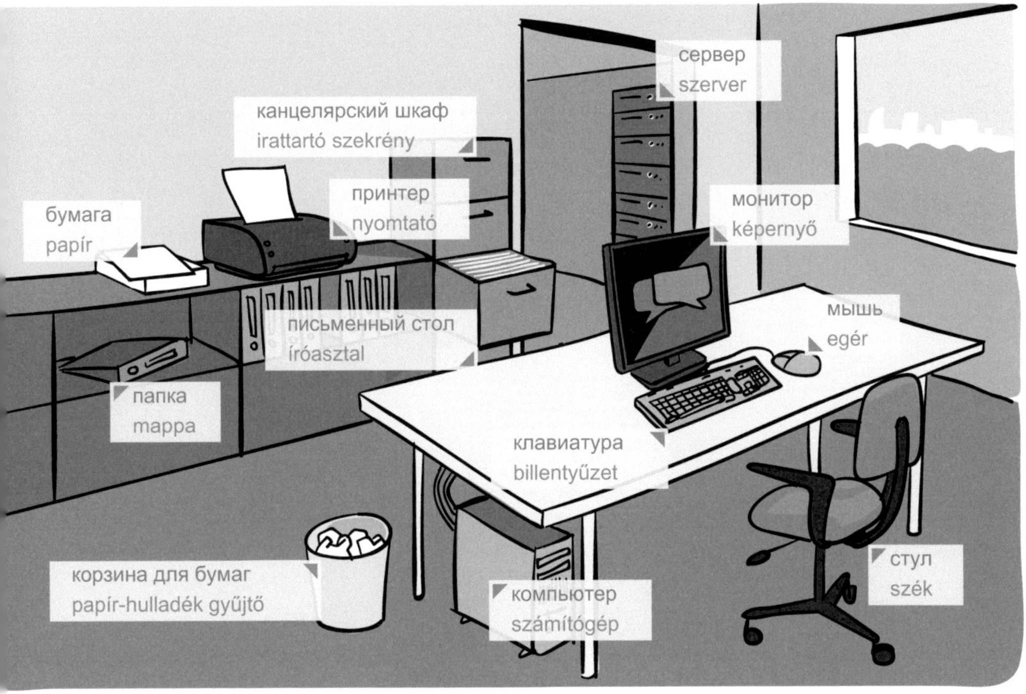

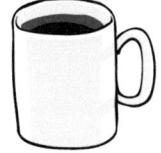

кофейная кружка

kávéscsésze

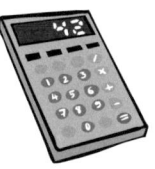

калькулятор

számológép

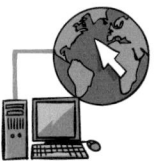

интернет

internet

ноутбук

laptop

письмо

levél

сообщение

üzenet

мобильный телефон

mobiltelefon

сеть

hálózat

ксерокс

fénymásoló

программа

szoftver

телефон

telefon

розетка

konnektor

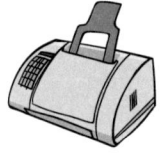

факс

faxgép

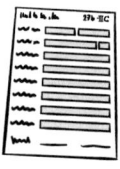

формуляр

formanyomtatvány

документ

dokumentum

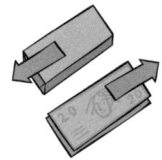

покупать

venni

платить

fizetni

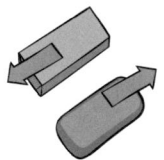

торговать

kereskedni

деньги

pénz

доллар

dollár

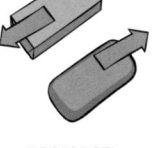

евро

euró

иена

jen

рубль

rubel

франк

svájci frank

жэньминьби юань

kínai jüan

рупия

rúpia

банкомат

bankautomata

пункт обмена валюты

valutaváltó iroda

золото

arany

серебро

ezüst

нефть

olaj

энергия

energia

цена

ár

договор

szerződés

налог

adó

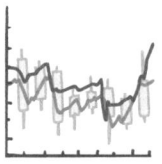

акция

részvény

работать

dolgozni

служащий

munkavállaló

работодатель

munkaadó

фабрика

gyár

магазин

üzlet

профессии
foglalkozások

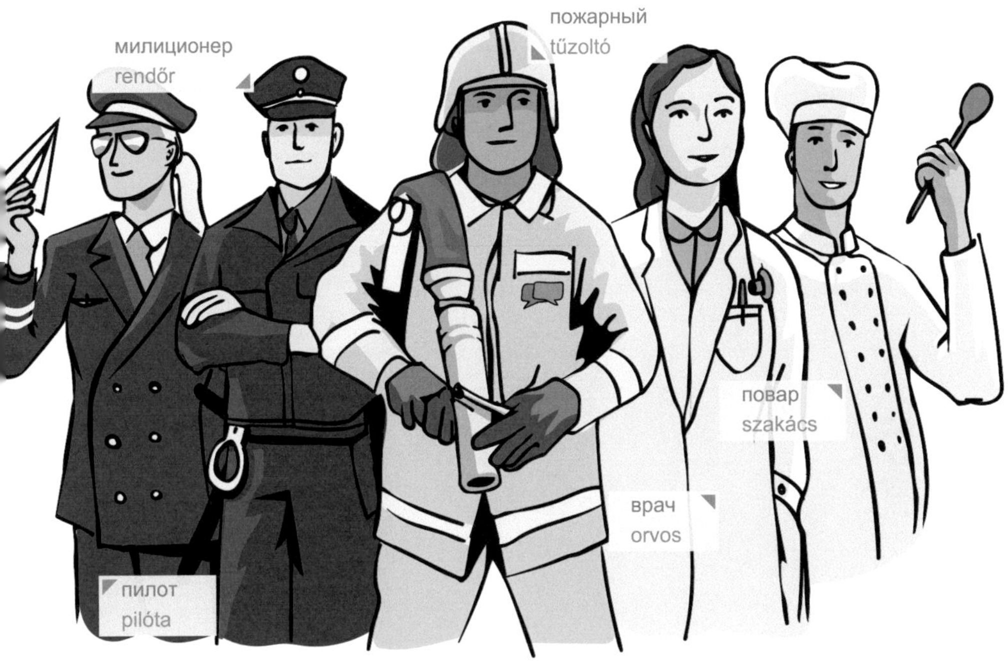

милиционер
rendőr
пожарный
tűzoltó
повар
szakács
врач
orvos
пилот
pilóta

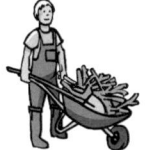

садовник

kertész

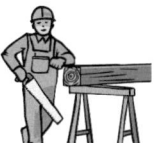

столяр

kárpitos

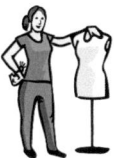

швея

varrónő

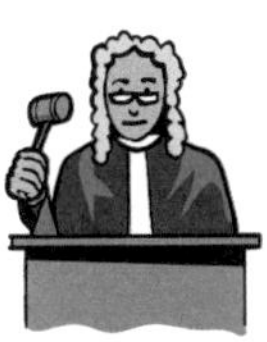

судья

bíró

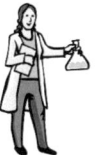

химик

vegyész

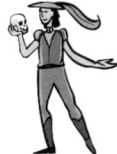

актёр

színész

водитель автобуса
buszsofőr

таксист
taxisofőr

рыбак
halász

уборщица
bejárónő

кровельщик
tetőfedő

официант
pincér

охотник
vadász

художник
festő

пекарь
pék

электрик
villanyszerelő

строитель
építőmunkás

инженер
mérnök

мясник
hentes

сантехник
vízvezeték-szerelő

почтальон
postás

солдат

katona

архитектор

építész

кассир

eladó

флорист

virágos

парикмахер

fodrász

кондуктор

kalauz

механик

müszerész

капитан

kapitány

зубной врач

fogorvos

ученый

tudós

раввин

rabbi

имам

imám

монах

szerzetes

священник

lelkész

инструменты
szerszámok

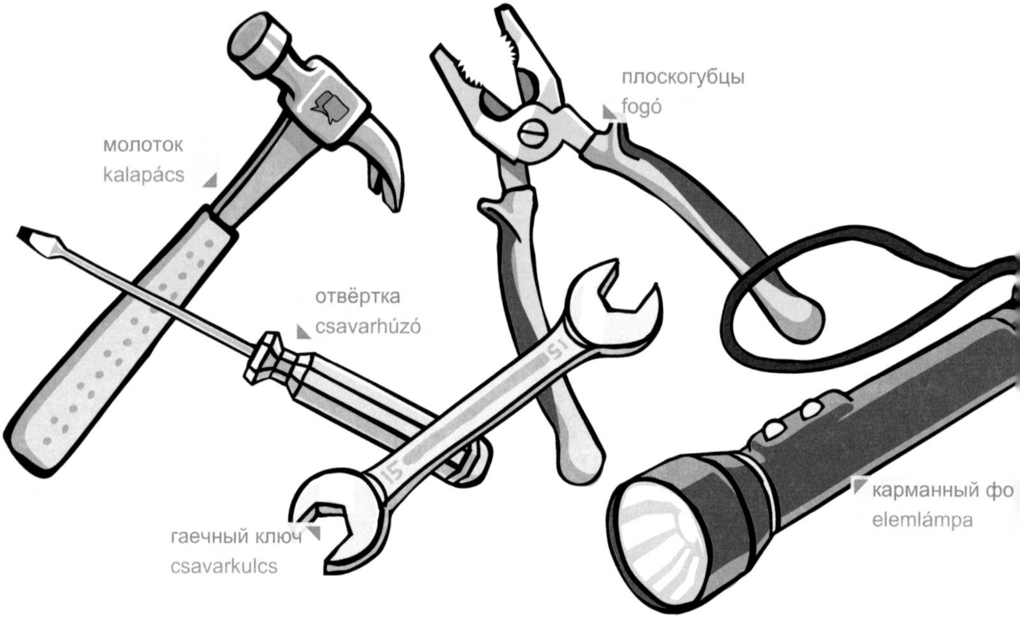
молоток
kalapács
плоскогубцы
fogó
отвёртка
csavarhúzó
15
15
гаечный ключ
csavarkulcs
карманный фо
elemlámpa

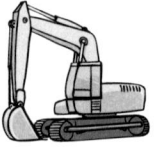

экскаватор

markológép

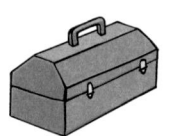

ящик для инструментов

szerszámosláda

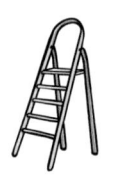

стремянка

vödör

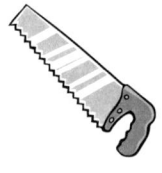

пила

fűrész

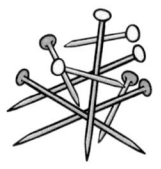

гвозди

szög

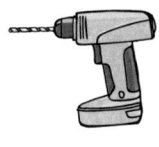

дрель

fúrógép

ремонтировать

megjavítani

лопата

lapát

Блин!

A francba!

совок

szemétlapát

ведро с краской

festékesdoboz

винты

csavar

музыкальные инструменты

hangszerek

громкоговоритель

hangszóró

ударный инструмент

dobfelszerelés

гитара
gitár

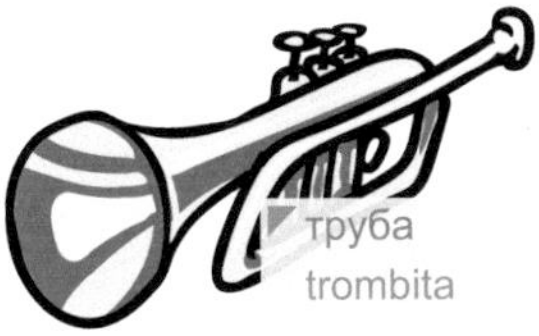

контрабас
nagybőgő

труба
trombita

пианино

zongora

скрипка

hegedű

бас-гитара

basszusgitár

литавры

üstdob

барабан

dobok

синтезатор

digitális zongora

саксофон

szaxofon

флейта

fuvola

микрофон

mikrofon

зоопарк
állatkert

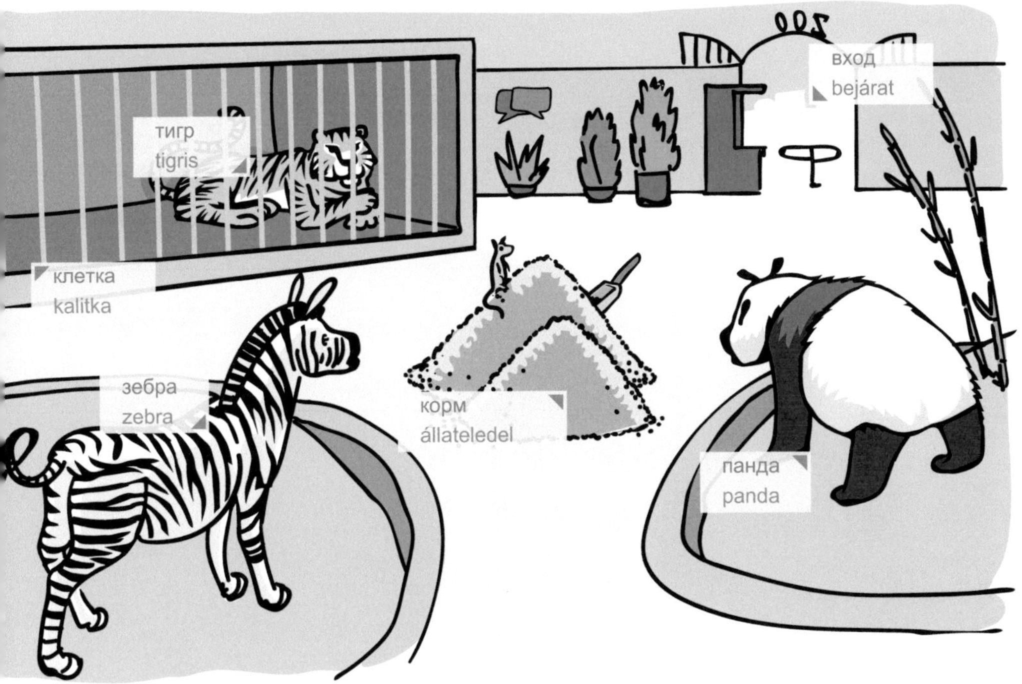
вход
bejárat
тигр
tigris
клетка
kalitka
корм
állateledel
зебра
zebra
панда
panda

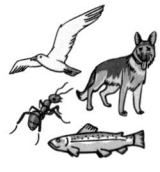

животные

állatok

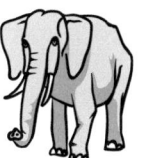

слон

elefánt

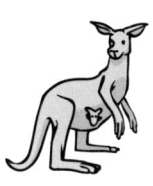

кенгуру

kenguru

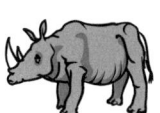

носорог

orrszarvú

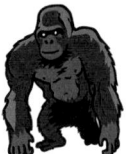

горилла

gorilla

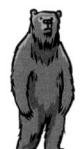

медведь

medve

верблюд

teve

страус

strucc

лев

oroszlán

обезьяна

majom

фламинго

flamingó

попугай

papagáj

белый медведь

jegesmedve

пингвин

pingvin

акула

cápa

павлин

páva

змея

kígyó

крокодил

krokodil

служитель зоопарка

állatgondozó

тюлень

fóka

ягуар

jaguár

пони

póniló

леопард

leopárd

бегемот

víziló

жираф

zsiráf

орёл

sas

кабан

vaddisznó

рыба

hal

черепаха

teknős

морж

rozmár

лиса

róka

газель

gazella

американский футбол
amerikai futball

езда на велосипеде
kerékpározás

теннис
tenisz

баскетбол
kosárlabda

плавание
úszás

хоккей
jégkorong

бокс
boksz

футбол
futball

бадминтон
tollas

лёгкая атлетика
atlétika

гандбол
kézilabda

лыжный спорт
síelés

поло
lovaspóló

прыгать
ugrani

обнимать
ölelni

смеяться
nevetni

идти
sétálni

петь
énekelni

мечтать
álmodni

молиться
dicsérni

целовать
csókolni

писать
írni

рисовать
rajzolni

показывать
mutatni

нажимать
tolni

давать
adni

брать
vinni

иметь

birtokolni

делать

csinálni

быть

lenni

стоять

állni

бежать

futni

тянуть

húzni

бросать

hajít

падать

esni

лежать

hazudni

ждать

várni

носить

vinni

сидеть

ülni

надевать

felvenni

спать

aludni

просыпаться

felébredni

рассматривать

ránézni

плакать

sírni

гладить

simogat

причесывать

fésülni

говорить

beszélni

понимать

megérteni

спрашивать

kérdezni

слушать

hallgatni

пить

inni

кушать

enni

наводить порядок

takarítani

любить

szeretni

готовить

főzni

ехать

vezetni

летать

szállni

ходить под парусом

vitorlázni

считать

számol

читать

olvasni

учиться

tanulni

работать

dolgozni

вступать в брак

házasodni

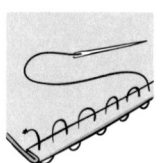

шить

varrni

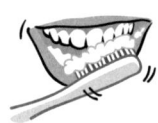

чистить зубы

fogat mosni

убивать

ölni

курить

dohányozni

отправлять

küldeni

семья
család

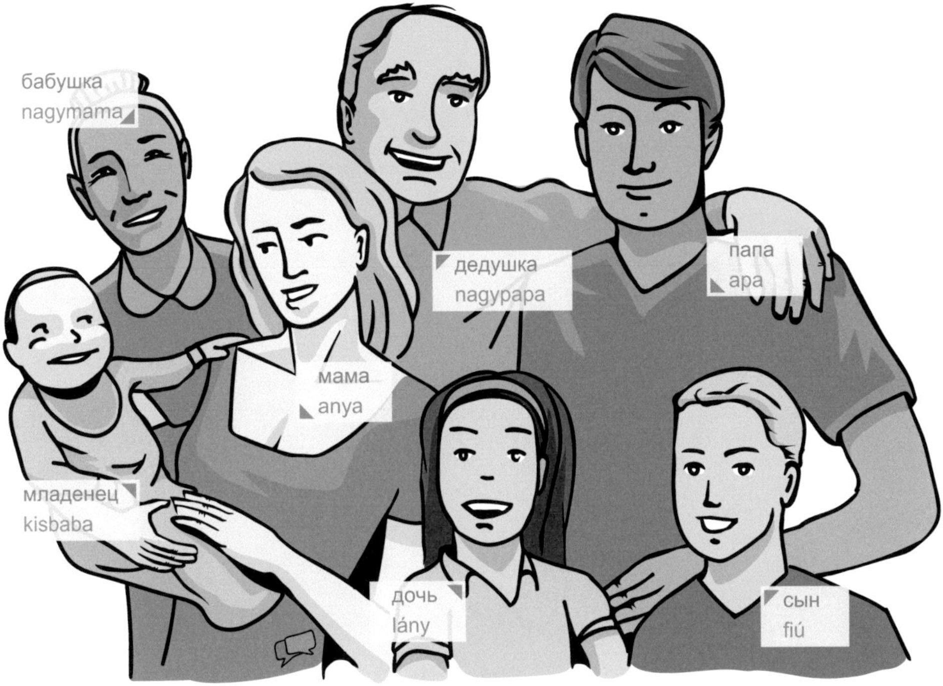
бабушка
nagymama
дедушка
nagypapa
папа
apa
мама
anya
младенец
kisbaba
дочь
lány
сын
fiú

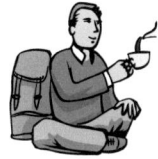

гость
vendég

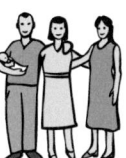

тетя
nagynéni

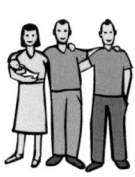

дядя
nagybácsi

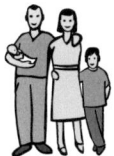

брат
fiútestvér

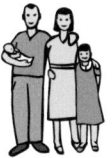

сестра
lánytestvér

тело

test

лоб
homlok
глаз
szem
плечо
váll
палец
ujj
лицо
arc
подбородок
áll
кисть
kéz
грудь
mell
нога
láb
рука
kar

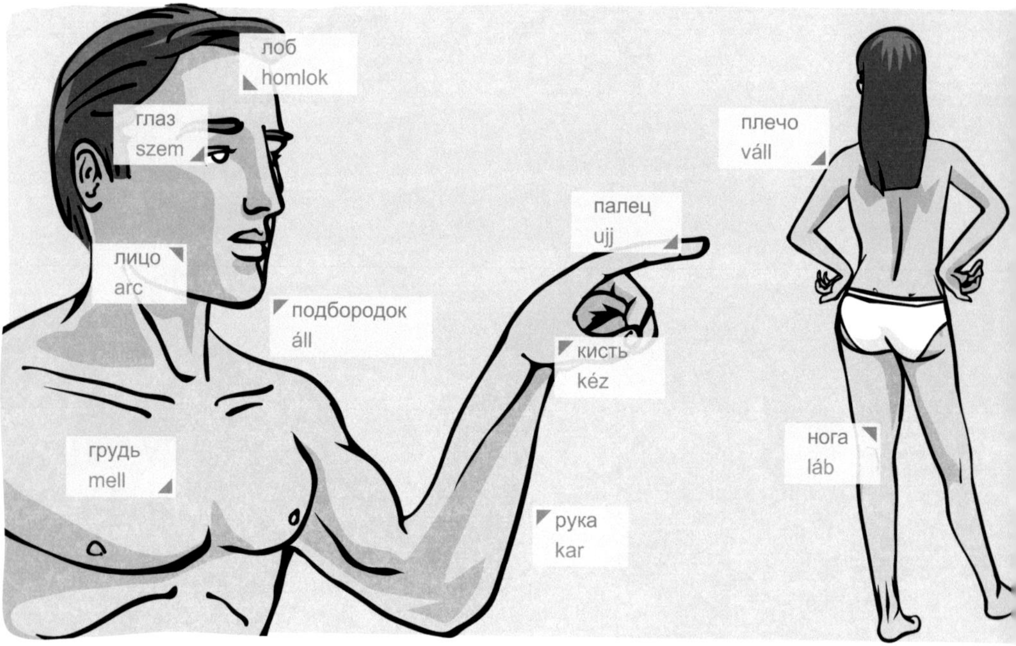

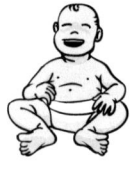

младенец

kisbaba

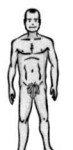

мужчина

ember

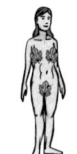

женщина

nő

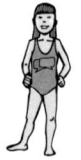

девочка

lány

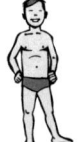

мальчик

fiú

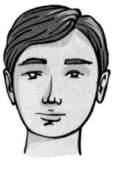

голова

fej

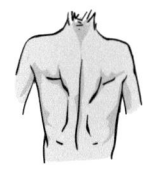

спина

hát

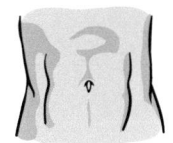

живот

has

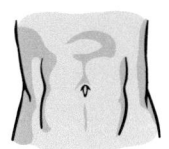

пупок

köldök

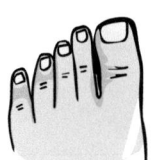

палец ноги

lábujj

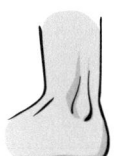

пятка

sarok

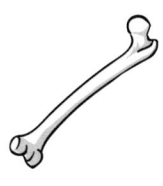

кость

csont

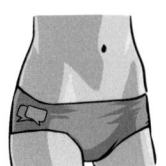

бедро

csípö

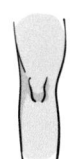

колено

térd

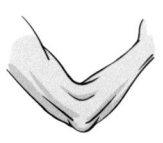

локоть

könyök

нос

orr

ягодицы

fenék

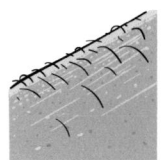

кожа

bőr

щека

orca

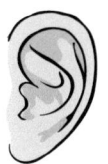

ухо

fül

губа

ajak

рот

száj

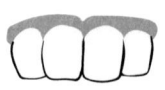

зуб

fog

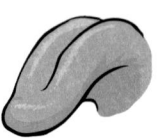

язык

nyelv

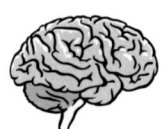

мозг

agy

сердце

szív

мышца

izom

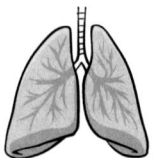

лёгкое

tüdő

печень

máj

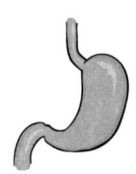

желудок

gyomor

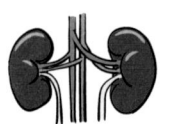

почки

vese

половой акт

szex

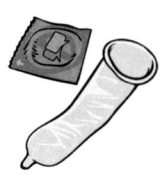

презерватив

kondom

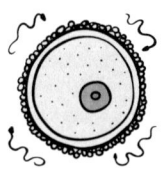

яйцеклетка

petesejt

сперма

sperma

беременность

terhesség

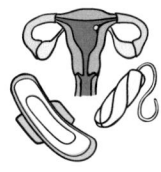

менструация

menstruáció

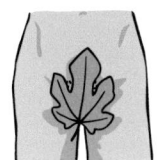

вагина

vagina

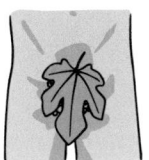

пенис

pénisz

бровь

szemöldök

волосы

haj

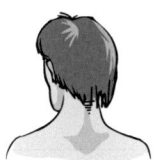

шея

nyak

больница
kórház

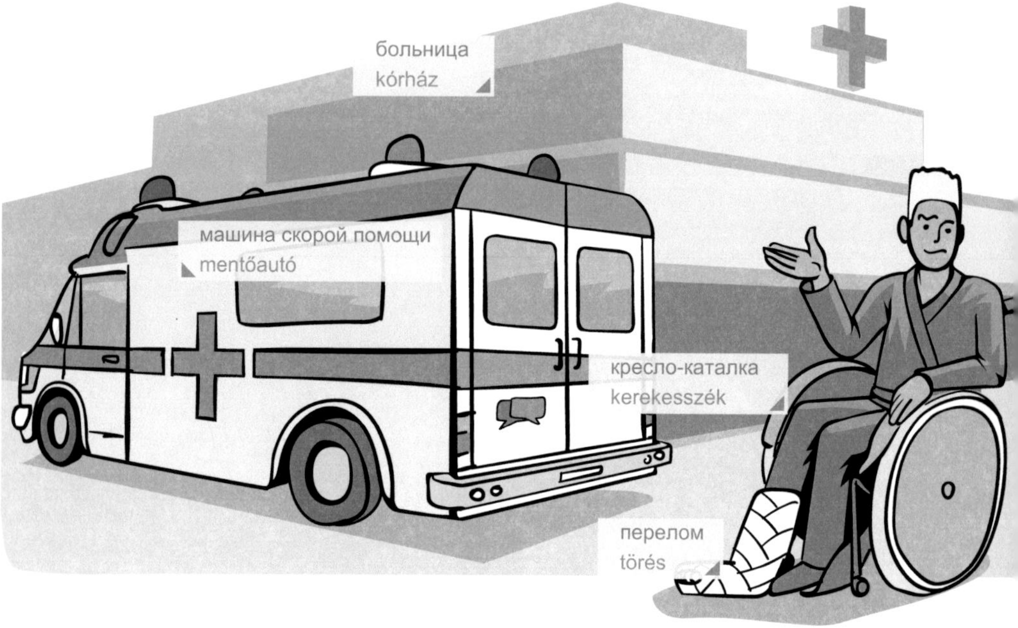

больница
kórház
машина скорой помощи
mentőautó
кресло-каталка
kerekesszék
перелом
törés

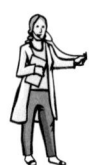

врач

orvos

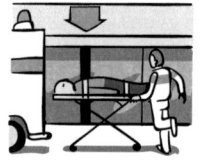

пункт первой помощи

sürgősségi osztály

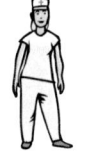

медсестра

ápoló

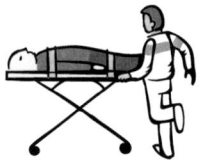

неотложный случай

vészhelyzet

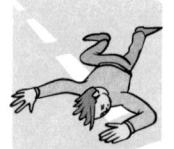

без сознания

eszméletlen

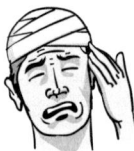

боль

fájdalom

повреждение

sérülés

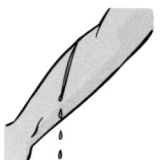

кровотечение

vérzés

инфаркт

szívroham

инсульт

szélütés

аллергия

allergia

кашель

köhögés

овышенная температура

láz

грипп

influenza

понос

hasmenés

головная боль

fejfájás

рак

rák

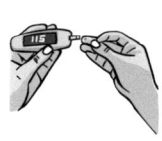

диабет

cukorbetegség

хирург

sebész

скальпель

szike

операция

műtét

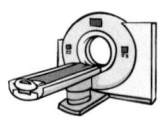

КТ

CT

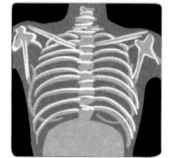

рентген

röntgen

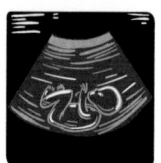

ультразвук

ultrahang

маска

arcmaszk

болезнь

betegség

приёмная

váróterem

костыль

mankó

пластырь

sebtapasz

бинт

kötszer

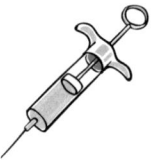

укол

injekció

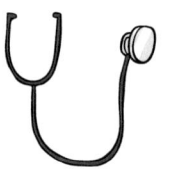

стетоскоп

sztetoszkóp

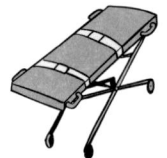

носилки

hordágy

термометр

klinikai hőmérő

рождение

születés

избыточный вес

túlsúly

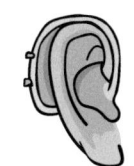

слуховой аппарат

hallókészülék

дезинфекционное средство

fertőtlenítőszer

инфекция

fertőzés

вирус

vírus

ВИЧ / СПИД

HIV/AIDS

лекарство

orvosság

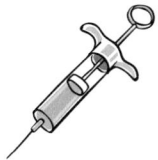

прививка

oltás

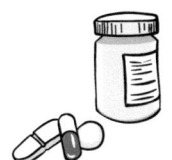

таблетки

tabletták

противозачаточная таблетка

tabletta

экстренный вызов

sürgősségi hívás

прибор для измерения кровяного давления

vérnyomásmérő

больной / здоровый

betegség / egészség

Помогите!

Segítség!

сигнал тревоги

riasztás

нападение

rajtaütés

атака

támadás

опасность

veszély

запасной выход

vészkijárat

Пожар!

tűz!

огнетушитель

tüzoltókészülék

несчастный случай

baleset

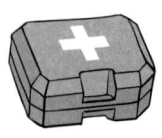

аптечка

elsősegélycsomag

SOS

SOS

милиция

rendőrség

Европа

Európa

Северная Америка

Észak-Amerika

Южная Америка

Dél-Amerika

Африка

Afrika

Азия

Ázsia

Австралия

Ausztrália

Атлантический океан

Atlanti-óceán

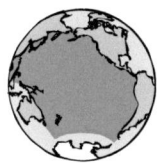

Тихий океан

Csendes-óceán

Индийский океан

Indiai-óceán

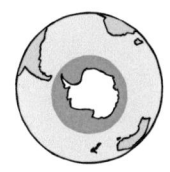

Антарктический океан

Déli-óceán

Северный Ледовитый океан

Jeges-tenger

Северный полюс

Északi-sark

Южный полюс

Déli-sark

Антарктика

Antarktisz

земля

föld

суша

szárazföld

море

tenger

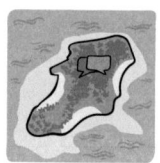

остров

sziget

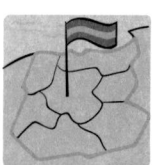

нация

nemzet

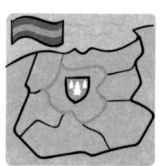

государство

állam

циферблат

számlap

часовая стрелка

kismutató

минутная стрелка

nagymutató

секундная стрелка

másodpercmutató

Который час?

Mennyi az idő?

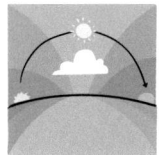

день

nap

время

idő

сейчас

most

электронные часы

digitális óra

минута

perc

час

óra

неделя
hét

понедельник
hétfő

среда
szerda

пятница
péntek

вторник
kedd

суббота
szombat

четверг
csütörtök

воскресенье
vasárnap

вчера
tegnap

сегодня
ma

завтра
holnap

утро
reggel

полдень
dél

вечер
este

рабочие дни
hétköznap

выходные
hétvége

80

неделя - hét

дождь
eső

радуга
szivárvány

снег
hó

ветер
szél

весна
tavasz

осень
ősz

лето
nyár

зима
tél

4.APRIL	11°	☀
5.APRIL	4°	🌦
6.APRIL	13°	⛈
7.APRIL	8°	☀
8.APRIL	10°	☀

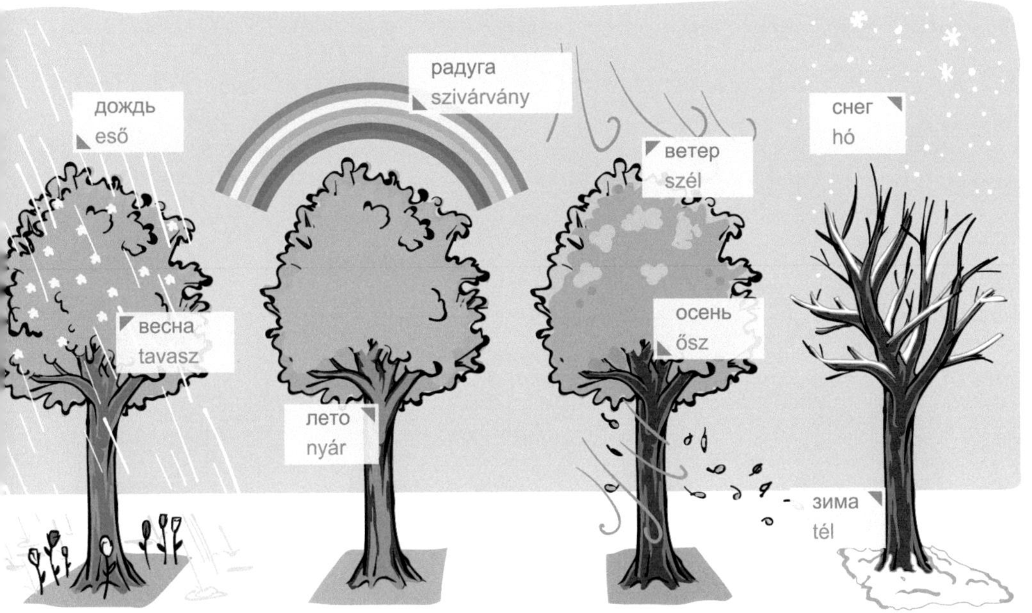

прогноз погоды
időjárás előrejelzés

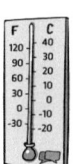

термометр
hőmérő

солнечный свет
napsütés

туча
felhő

туман
köd

влажность воздуха
páratartalom

молния

villámlás

гром

mennydörgés

буря

vihar

град

jégeső

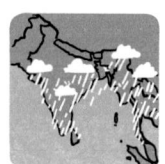

муссон

monszun

наводнение

áradás

лёд

jég

январь

január

февраль

február

март

március

апрель

április

май

május

июнь

június

июль

július

август

augusztus

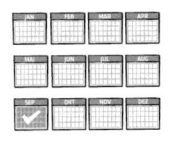

сентябрь

szeptember

октябрь

október

ноябрь

november

декабрь

december

формы
alakzatok

круг

kör

квадрат

négyzet

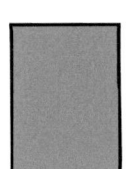

прямоугольник

téglalap

треугольник

háromszög

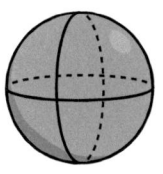

шар

gömb

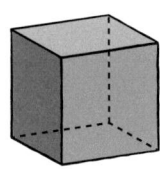

куб

kocka

цвета
színek

белый

fehér

желтый

sárga

оранжевый

narancs

розовый

rózsaszín

красный

piros

лиловый

lila

синий

kék

зелёный

zöld

коричневый

barna

серый

szürke

чёрный

fekete

много / мало

sok / kevés

яростный / мирный

mérges / nyugodt

красивый / уродливый

szép / csúnya

начало / конец

kezdet / vég

большой / маленький

nagy / kicsi

светлый / темный

világos / sötét

брат / сестра

fivér / nővér

чистый / грязный

tiszta / koszos

полный / неполный

teljes / nem teljes

день / ночь

nappal / éjszaka

мёртвый / живой

halott / élő

широкий / узкий

széles / keskeny

съедобный / несъедобный

ehető / nem ehető

злой / дружелюбный

gonosz / kedves

взволнованный /
скучающий
izgatott / unott

толстый / худой

kövér / vékony

сначала / в конце

első / utolsó

друг / враг

barát / ellenség

полный / пустой

teli / üres

твёрдый / мягкий

kemény / puha

тяжёлый / легкий

nehéz / könnyű

голод / жажда

éhség / szomjúság

больной / здоровый

betegség / egészség

незаконный / законный

illegális / legális

умный / глупый

intelligens / buta

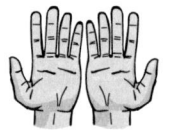

слева / справа

bal / jobb

близко / далеко

közel / távol

новый / подержанный

új / használt

ничто / нечто

semmi / valami

старый / молодой

idős / fiatal

включено / выключено

be / ki

открыто / закрыто

nyitva / zárva

тихо / громко

csendes / hangos

богатый / бедный

gazdag / szegény

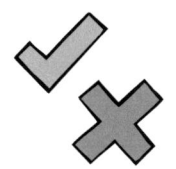

правильный /
неправильный
helyes / helytelen

шероховатый / гладкий

érdes / sima

печальный / счастливый

szomorú / vidám

короткий / длинный

rövid / hosszú

медленный / быстрый

lassú / gyors

мокрый / сухой

nedves / száraz

тёплый / прохладный

meleg / hideg

война / мир

háború / béke

0

ноль

nulla

1

один

egy

2

два

kettő

3

три

három

4

четыре

négy

5

пять

öt

6

шесть

hat

7

семь

hét

8

восемь

nyolc

9

девять

kilenc

10

десять

tíz

11

одиннадцать

tizenegy

12	13	14
двенадцать	тринадцать	четырнадцать
tizenkettő	tizenhárom	tizennégy

15	16	17
пятнадцать	шестнадцать	семнадцать
tizenöt	tizenhat	tizenhét

18	19	20
восемнадцать	девятнадцать	двадцать
tizennyolc	tizenkilenc	húsz

100	1.000	1.000.000
сто	тысяча	миллион
száz	ezer	millió

английский

angol

американский английский

amerikai angol

мандаринский китайский

mandarin kínai

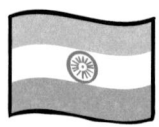

хинди

hindi

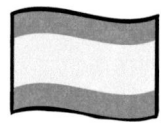

испанский

spanyol

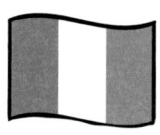

французский

francia

арабский

arab

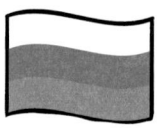

русский

orosz

португальский

portugál

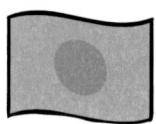

бенгальский

bengáli

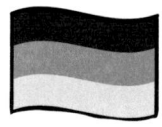

немецкий

német

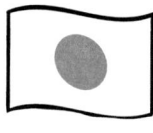

японский

japán

я

én

ты

te

он / она / оно

ő

мы

mi

вы

ti

они

ök

кто?

ki?

что?

mi?

как?

hogyan?

где?

hol?

когда?

mikor?

имя

név

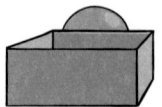

за

mögött

в

benne

перед

elötte

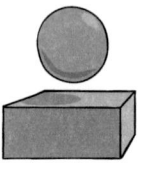

над

felette

на

rajta

под

alatta

рядом

mellett

между

között

место

hely